EN ·1492·

POR
Jean Marzollo

ILUSTRADO POR
Steve Björkman

TRADUCIDO POR
Aída E. Marcuse

SCHOLASTIC INC.
New York   Toronto   London   Auckland   Sydney

A Shea Andrew Fumagalli,
con amor,
Jean Marzollo

A mamá y papá, que toleraron la tinta china en la alfombra
cuando yo exploraba un nuevo mundo
Steve Björkman

Original title: *In 1492*

ISBN 0-590-49442-2

12 11 10 9 8 7 6 5 4 3 2 1   3 4 5 6 7 8/9
Printed in the U.S.A.   09

First Scholastic printing, October 1993
Original edition: October 1991

Hechos principales de la vida de Cristóbal Colón

Cristóbal Colón nació en 1451, en Génova, puerto importante y república italiana independiente. A la edad de diecinueve o veinte años decidió hacerse marinero. En 1477, él y su hermano Bartolomé se hallaban en Lisboa, Portugal, justamente cuando los portugueses estaban tratando de llegar al Oriente bordeando las costas africanas. Colón pensó que navegando hacia el oeste, él podría encontrar un camino más corto, y le pidió al rey de Portugal tres barcos y dinero para pagar los gastos de su viaje. Pero el rey se negó.

En 1485, Colón se marchó a España. En 1486, pidió ayuda al rey y a la reina de España. La reina Isabel finalmente aceptó darle a Colón los barcos, títulos, honores y un porcentaje de los beneficios del comercio que de aquel viaje resultaran. Por fin, el 3 de agosto de 1492, Colón zarpó de Palos, un puerto de España, en busca de una ruta más rápida hacia las Indias (nombre con que en ese entonces se conocía a la India, China, las Indias Orientales y el Japón). Tenía una flota de tres barcos: La *Santa María*, la *Niña* y la *Pinta*. El 7 de octubre, sus agotados marineros creyeron avistar tierra y cuando se dieron cuenta que no era cierto, quisieron regresar. El 10 de octubre aceptaron seguir navegando tres días más. El 12 de octubre, Colón llegó a una isla que llamó San Salvador, en las Bahamas. Colón creyó que había llegado a las Indias y, por eso, llamó a los nativos de la isla "indios". Pero en realidad había encontrado un mundo nuevo del que nunca había oído hablar.

Colón murió en 1506.

En mil cuatrocientos noventa y dos,
Colón salió al océano feroz.

Salió de España con tres barcos que tenía;
Navegó con viento, sol y lluvia fría.

Navegó de noche, navegó de día,
Usando las estrellas como guía.

Tenía un compás que le indicaba
El camino a seguir, y qué rumbo llevaba.

Llevaba noventa marineros a bordo;
Unos trabajaban, otros roncaban con ruidos sordos.

Después, los que trabajaron se fueron a dormir
Mientras los otros miraban al océano ir y venir.

Desearon ver tierra durante días y días.
Soñaban con árboles, arena y rocas, con melancolía.

El 12 de octubre, su sueño se hizo realidad;

¡Nadie fue más feliz que los marineros, de verdad!

—¡Llegamos a la India! —gritó Colón
Con alegría y orgullo en su corazón.

Pero no era la India esa tierra costera:
Eran las cálidas Bahamas de brisa ligera.

Las habitaban los arahuacos, quienes, muy atentos,
Les dieron especias, agua y alimentos.

Colón siguió navegando; quería encontrar oro.
Había prometido a España llevarle un tesoro.

Por más oro para España volvió después,
Repitiendo el viaje una y otra vez.

¿Colón, el primer americano? No realmente,
Pero su hazaña fue notable y muy valiente.

El 12 de octubre por eso celebramos
Y a Cristóbal Colón en ese día recordamos.